A TORRE DE BABEL

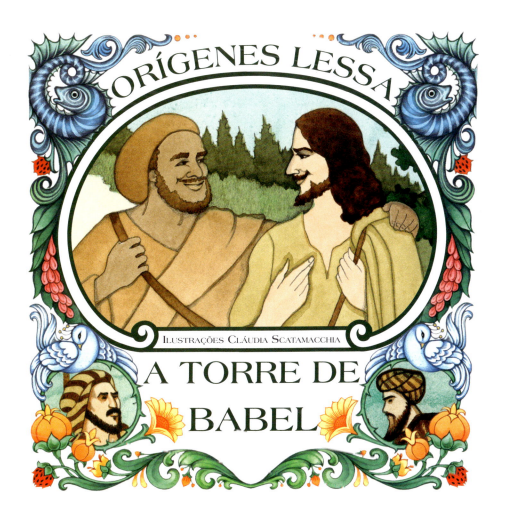

ORÍGENES LESSA

Ilustrações Cláudia Scatamacchia

A TORRE DE BABEL

São Paulo
2012

ANTIGAMENTE, bem antigamente, verdadeiramente nos tempos antigos, todos os homens falavam a mesma língua, do mesmo jeito.

    Alguém vinha de longe e dizia: *eu te amo*. O outro dizia: *eu também te amo*. E assim se entendiam.

UM DIA, O HOMEM OLHOU para o céu e perguntou:
– Lá tem gente?
– Tem – responderam.
– Quem?
– Os anjos de Deus.
– Eles se gostam?
– Só indo lá para saber.
– Vamos lá?
– Tudo bem. Mas como chegaremos lá?
– A gente constrói uma torre. É fácil!

TUDO BEM.
Resolveram construir uma torre para chegarem lá. Fabricaram tijolos, enormes tijolos, e depois os foram colocando, fileira por cima de fileira, fileira por cima de fileira.
Depois, foram subindo fileira por fileira. Disseram:
– Nós chegaremos *lá*!

A TORRE IA SUBINDO, os homens cada vez mais aproximavam-se de lá. Certa vez, um homem disse:
— Chegando *lá*, nós tomamos conta do céu, prendemos os anjos e dizemos: cala a boca, tá? Agora quem manda aqui somos nós!

VINHA GENTE DE TODA A TERRA ajudar e, de repente, alguém disse:
— Mas *lá*, quem vai mandar nos anjos sou eu! Quem teve a ideia de construir essa torre fui eu!

Porém, outro disse:
— Não! Quem chegar primeiro é quem manda! Eu chegarei primeiro, vou acabar com os anjos e dizer assim pra Deus: com licença, quem manda agora sou eu.

Mas Deus, o Senhor do céu e da terra, ficou muito zangado e disse:
– Acabou, minha gente! Terminou a brincadeira! Vão descendo! Vocês estão a fim de brigar, não é? Esqueceram-se das palavras do amor. Podem voltar lá pra baixo!

POIS OS HOMENS VOLTARAM. Envergonhados. E nem terminaram a torre, até hoje conhecida como Torre de Babel. A torre da confusão das línguas, onde ninguém se entende, e não se falam palavras de amor, que Deus gosta de escutar.

Orígenes Lessa

Espaço Cultural "Cidade do Livro"

Nasceu em Lençóis Paulista (SP), a 12 de julho de 1903, e faleceu no Rio de Janeiro (RJ), a 13 de julho de 1986. Romancista, contista, jornalista e ensaísta, publicou em 1929 seu primeiro livro de contos, *O escritor proibido*. Com o romance *O feijão e o sonho* (1938), se tornou um dos nossos autores de maior sucesso, com dezenas de livros sucessivamente reeditados. Conquistou numerosos prêmios literários, tais como Antônio de Alcântara Machado (1939), pelo romance *O feijão e o sonho*; Carmen Dolores Barbosa (1956), por *Rua do Sol*; Fernando Chinaglia (1968), por *A noite sem homem*; e Luísa Cláudio de Sousa (1972), por *O evangelho de Lázaro*. Foi membro da Academia Brasileira de Letras.

Cláudia Scatamacchia

Paulistana e neta de imigrantes italianos que vieram para o Brasil no início do século XX. Eram "um escultor, um sapateiro e duas costureiras, ofícios que exigem habilidade manual, disciplina, criatividade e muita persistência. Herança que uniu meus pais e chegou a mim na forma de paixão e ofício, o desenho."

Estudou Comunicação Visual e produziu quase tudo na área. Ilustra livros e matérias para jornais e revistas, criando imagens que ampliam o prazer de ler. "Gosto de desenhar. De reinventar a linha, revigorar o traço, perseguir as sombras, buscar as luzes e saborear as cores."

© Condomínio dos Proprietários dos Direitos Intelectuais de Orígenes Lessa
Direitos cedidos por Solombra – Agência Literária (solombra@solombra.org)
1ª Edição, Global Editora, São Paulo 2012

Diretor Editorial
Jefferson L. Alves

Seleção e Edição
Cecilia Reggiani Lopes

Coordenação Editorial
André Seffrin

Gerente de Produção
Flávio Samuel

Assistente Editorial
Julia Passos

Ilustrações e Capa
Cláudia Scatamacchia

Este conto foi extraído do livro *A Arca de Noé e outras histórias*, de Orígenes Lessa, também publicado pela Global Editora. A Global Editora agradece à Solombra – Agência Literária pela gentil cessão dos direitos de imagem de Orígenes Lessa.

CIP BRASIL. Catalogação na fonte
Sindicato Nacional dos Editores de Livros, RJ

L632t

Lessa, Orígenes, 1903-1986
  A Torre de Babel / Orígenes Lessa ; [coordenação André Seffrin ; ilustrações Cláudia Scatamacchia]. São Paulo : Global, 2012.
  24p. : il. ; 23 cm

  ISBN 978-85-260-1774-0

  1. Lessa, Orígenes, 1903-1986. 2. Conto infantojuvenil brasileiro. I. Seffrin, André, 1965-. II. Scatamacchia, Cláudia, 1946-. III. Título.

12-7487.   CDD: 028.5
                                        CDU: 087.5

Direitos Reservados

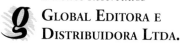

Global Editora e Distribuidora Ltda.

Rua Pirapitingui, 111 – Liberdade
CEP 01508-020 – São Paulo – SP
Tel.: (11) 3277-7999 – Fax: (11) 3277-8141
e-mail: global@globaleditora.com.br
www.globaleditora.com.br

Colabore com a produção científica e cultural.
Proibida a reprodução total ou parcial desta
obra sem a autorização do editor.

Nº de Catálogo: **3428**